Generis

PUBLISHING

RAPPORT D'ACTIVITES 20016 ASEP ONG

POUR UN DEVELOPPEMENT DURABLE

Dieudonné WEKOKPAME

CIP a Camerei Naționale a Cărții

WEKOKPAME, Dieudonné.

Rapport d'activites 20016 ASEP ONG : Pour un Developpement durable / Dieudonné Wekokpame. – Chişinău : Generis Publishing, 2020 (Print on demand). – 43 p. : fot., tab.

ISBN 978-9975-154-33-8.

316.42(668.2):061.2(047)

W 42

Cover image: www.pexels.com/ru-ru/photo/1125850/

Generis Publishing
Online orders: www.generis-publishing.com
Orders by email: info@generis-publishing.com

REMERCIEMENTS

Tout le personnel de l'**ONG ASEP** remercie les **partenaires au Développement** pour leurs contributions de diverses natures au progrès de l'humanité et prioritairement en faveur des ENFANTS en situation difficile :

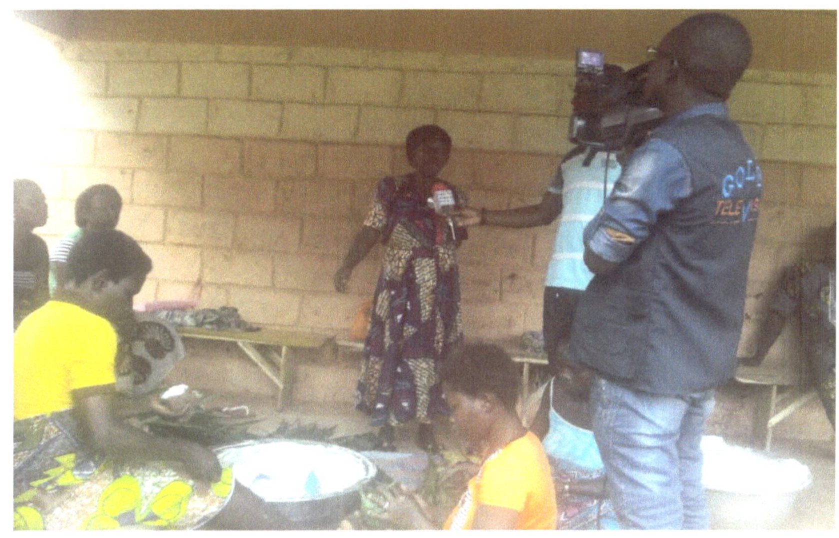

INTRODUCTION

Au regard des conditions de vie socioéconomique de certaines communautés villageoises à la base en occurrence les femmes et les enfants; l'ONG Action Sociale pour l'Eradication de la Pauvreté (ASEP) a été créée en République du Bénin le 05 Août 2006 en vue d'améliorer les conditions de vie des populations. Elle est une Organisation Non Gouvernementale à but non lucratif qui est régie par la loi du 1er Juillet 1901 et est reconnue officiellement sous le numéro 2007/095/SG/STCCD le 27 septembre 2007. Elle a pour but d'améliorer les conditions de vie des populations vulnérables pour un développement durable au Bénin et dans la sous région. L'ONG ASEP a pour vision d'éradiquer tous les maux et toutes souffrances des enfants en situation vulnérables tant qu'ils soient psychologiques, physiques et mentaux.

Les domaines d'intervention de l'ONG ASEP sont :

❖ La protection de l'environnement à travers l'assainissement, l'hygiène alimentaire et corporelle,

❖ La protection sociale à travers la prise en charge des Orphelins et enfants vulnérables (OEV)

❖ L'agriculture et l'élevage à travers la transformation des produits agricoles et agro-alimentaires au profit des groupements féminins

❖ L'Education par l'alphabétisation fonctionnelle en langue française

❖ La création d'emploie par la formation professionnelle et l'insertion socio professionnelle des jeunes démunies ;

❖ La santé à travers les actions de sensibilisation pour lutter contre le VIH SIDA, le paludisme, le choléra et la tuberculose ;

❖ Construction des infrastructures communautaires (écoles, latrines, centres de santé)

❖ Adduction en eau potable à travers la construction des Château d'eau villageois

Au cours de l'année 2016 l'ONG avait réalisée des projets et activités, conformément au plan d'actions.

Le présent rapport s'articule autour des actions et projets ci-après :

I. SANTE

PREVENTION CONTRE L'EXPANSSION DE LA MALADIE A VIRUS EBOLA ET LASSA

Dans le domaine sanitaire, l'ONG a réalisée un projet de prévention contre la maladie du virus à Ebola et lassa, suivi d'installation des dispositifs de lavage des mains au profit des patients du centre de santé et des écoles publiques dans l'arrondissement de MEDEDJONOU dans la commune d'Adjarra . Et ceci sous l'appui financier du partenaire memisa ; **l'objectif général du projet est d'**éradiquer les symptômes provoquant la maladie à virus Ebola en milieux sanitaire, scolaire et extra scolaire dans la commune d'Adjarra ; une zone frontalière du Nigeria.

Le projet permet de garantir à terme une protection sanitaire en faveur des enfants âgés d'au moins 5ans, des nourrices, des femmes enceintes et de la population en générale de la dite Commune.

Dans la mise en œuvre du projet les autorités à divers niveau ont été touchées et même impliquées à savoir : le Médecin chef, le major et son staff, le chef de la circonscription scolaire, les directeurs des écoles et leurs staffs, les conseillers locales et le Maire de la Commune d'Adjarra. Pour rendre visible les actions et activités du projet nous avons procéder à l'installation des bâches indicatives du projet sur les lieux de réalisation du projet le centre de santé de MEDEDJONOU et les écoles primaires publique de MEDEDJONOU. L'ONG ASEP a mise sur pieds une équipe compétente et dynamique afin de donner un caché spéciale aux séances de sensibilisation ,d'information et de formations à l'endroit des femmes, nourrices, écoliers , enfants, les instituteurs et agents sanitaires tous bénéficiaires du projet. Les activités et actions suivantes ont été menées :

- Des campagnes d'éducation et de sensibilisation sur l'hygiène corporelle et environnementale au profit des femmes nourrices bénéficiaires des soins primaires dans le centre Communal de Santé et les écoliers âgés de 5 à 12ans au nivaux des Ecoles primaires publiques de MEDEDJONOU ; et ceci suivi des séances pratiques de lavages des mains.

Affichage des affiches éducatives de bonnes pratiques sur l'hygiène corporelle et environnementale dans le centre de Santé de MEDEDJONOU et les classes du CI au CM2 des écoles primaires publiques.

Des campagnes d'Éducation et de Sensibilisation sur les règles d'hygiène indispensable pour la prévention du virus Ébola au profit des agents sanitaires stagiaires et autres, les élèves et enseignants du cours primaire dans l'Arrondissement. Après il a été procédé à la formation des agents sanitaires stagiaires et autres, les élèves responsables de chaque classe sur l'entretien des matériels et dispositifs du lavage des mains qui sont mis à leur disposition. Renforcement des capacités techniques des enseignants stagiaires et communautaires sur l'utilisation des dispositifs installés pour la prévention de la maladie à virus Ebola.

Remise officielle des matériels et dispositifs suivi de leur installation dans le centre de santé et dans chaque école publique de l'Arrondissement.

Nous avions procédé aux suivis quotidiens des activités dans le centre de santé et les écoles.

Au cours du suivi du projet, nous avons constaté l'utilisation régulière des dispositifs installés dans le centre de santé et les écoles. En plus l'application systématique des règles d'hygiène et notions acquises par les femmes nourrices et femmes enceintes. Les suivis s'effectuent les Lundi, mercredi et vendredi jours d'affluence au niveau du centre de santé et Lundi et Jeudi au niveau des écoles.

Au premier abord, les patients du centre de santé de MEDEDJONOU (les femmes enceintes et nourrisses) y compris les vendeuses de nourritures ont donnés leurs témoignages et appréciations sur le projet. Les conditions de vie sanitaire à partir de leurs maison jusqu'au centre de santé n'étaient pas hygiénique a cause d'insuffisance d'actions de sensibilisation rapprochées et de manque de matériels adéquate pouvant les amener à pratiquer toutes les fois l'hygiène environnementale et corporelle et éduquer leurs enfants à laver les mains chaque fois et toutes les fois à la maison comme à l'école. Aujourd'hui grâce à l'appui financier de l'ONG MEMISA elles ont bénéficiées des formations sur les comportements et disposition hygiéniques à entreprendre pour lutter contre les maladies à virus Ébola et Lassa dans leur arrondissement qui est une zone frontalière du Nigeria.

Les femmes nourrices et femmes enceintes sont engagées à mettre fin aux comportements malsains à partir de leurs maisons jusqu'au centre de santé et ceci pour éviter les maladies et enfin de réaliser d'économie pour mieux survivre dans leurs différents foyers.

Les écoliers sur l'ordre des responsables de chaque classe formés encadrent leurs camarades à mettre la cours de l'école et les classes propre, à former les rangs pour le lavage des mains avant d'entrer en classe et avant et après la recréation. En plus sous l'encadrement des enseignants ils entretiennent régulièrement les matériels de lave mains. Les écoliers aussi ont remercié le partenaire financier memisa et ont promis de faire bon usage des kits reçu. Les autorités éducatives ont données leurs satisfecit quant à la réduction de plus de 95% des cas de maladie de Cholera, la diarrhée, la tuberculose, et même des symptômes de la fièvre à Ebola et Lassa dont présentent beaucoup d'écoliers et qu'ils se réfèrent au centre de santé de MEDEDJONOU. Ces derniers invitent l'ONG ASEP à élargir ses actions de prévention des maladies liées à l'insalubrité dans d'autre arrondissement au profit des écoliers et ceci pour leur mieux être. En plus les responsables du centre de santé de MEDEDJONOU ont apprécié l'intervention de l'ONG ASEP qui a œuvré pour la réussite parfaite des activités dudit projet. Les agents de santé du centre ont remerciés le partenaire financier Memisa dans ses efforts inlassables pour la santé des enfants. Le major du centre a présenté à l'ONG ASEP les résultats des patients enregistrés pendant les séances de vaccination et soins primaires et parmi eux ceux qui présentent des symptômes de virus à Ebola et lassa enregistrés avant, pendant et après les activités du projet :

Mois de Novembre 2015 : 170 patients dont 12 enfants de 5- 8ans présentent plus ou moins des symptômes de la fièvre Ebola (vomissement, corps chaud, la diarrhée l'amaigrissement et autre) A ce niveau les soins urgents ont été effectué pour sauver ces enfants

Mois de Décembre2015 : 185patients enregistrés dont 10 cas soient 06 enfants de 7 - 10ans atteintes de la fièvre typhoïde et 04 femmes des infections. Ils sont pris en charge rapidement par le centre de santé.

Mois de Janvier 2016 : 205patients enregistrés dont 06 enfants de 5 à 7ans atteint de la fièvre typhoïde. Ils sont également pris en charge rapidement par le centre de santé.

De Février à Mai 2016 : 905 patients enregistrés dont 06 cas d'infection et 02cas de diarrhée. Ils ont été pris en charge par le centre de santé.

Les agents sanitaires sont engagés dans le combat au quotidien à travers la sensibilisation des femmes au cours des séances de vaccination. Et ceci pour la réduction totale du taux de symptômes liés aux virus Ébola et Lassa dans cette localité.

Pour tout ce qui précède les activités menées dans le cadre du ont permis la réduction voir l'éradication du taux de symptômes liés aux virus à Ebola et Lassa dans cette zone.

II.   PROTECTION SOCIALE

RENFORCEMENT DE CAPACITE DES PERSONNES HANDICAPÉES EN HAUTE COUTURE

Au Bénin, la majorité des personnes handicapées n'a pas accès aux emploi étatique voir de soin de réadaptation et à des services d'aide sociaux. Dans le Département de l'Ouémé et précisément dans la Commune de Porto-Novo, plus de 15% des jeunes filles et femmes handicapées ayant suivi une formation professionnelle en couture et autres sont victimes de négligence et d'opprobre de la part aussi bien de leur famille que de la société. Ils ne sont pas soutenu par des services d'aide sociaux afin d'être autonomes. En conséquence elles s'adonnent à des quêtes de fonds (mendiant) au niveau des carrefours, au bord des voies pour subvenir à leurs besoins vitaux. Le but de ce projet est de renforcer techniquement et matériellement les filles adolescentes et les femmes handicapées diplômées ayant abandonnées leur métier à cause de manque de soutien dans le 5em Arrondissement de la Commune de Porto-Novo ; et ceci à travers des ateliers de formation en haute couture et l'appui en machines à coudre et en accessoires à leur profit.

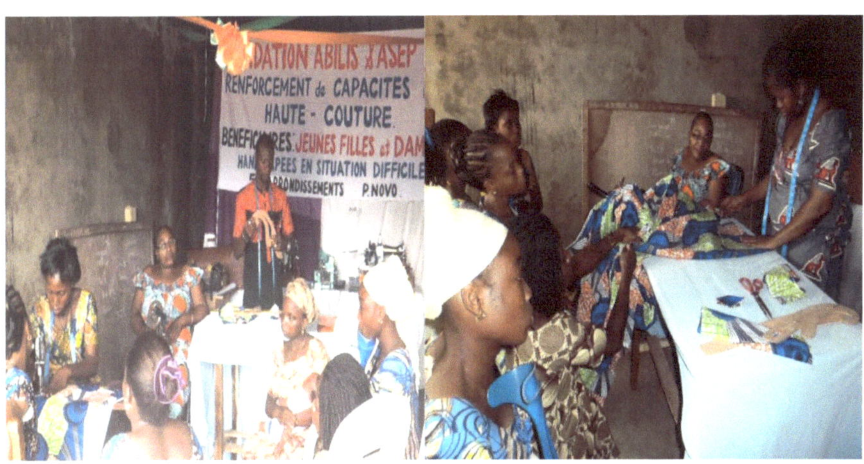

En somme la mise en œuvre du projet a retenue l'attention particulière et la participation active des autorités en charge des affaires sociale, communale et locale y compris les associations des artisans habilleurs professionnel du 5èm arrondissement de la ville de Porto-Novo. Tous ceci pour montrer leur engagement afin d'accompagner le projet et leurs reconnaissances au partenaire Abilis et aussi encourager les bénéficiaires à mettre en pratiques les différentes notions reçues d'une part et l'entretien efficience des matériels de travail qu'elles ont bénéficiées gracieusement.

Comme résultats :

➢ Plus de 4 ateliers de formation et de renforcement des capacités en haute couture ont été menées ;

➢ 30 jeunes filles et dames sont renforcées et ont acquissent de nouvelles notions sur les nouveaux modèles féminins et masculins ;

➢ 30 machines à coudre ont été acquises au profit des personnes handicapées bénéficiaires du projet ;

➢ Des accessoires en haute couture ont été acquis au profit des personnes handicapées bénéficiaires du projet ;

➢ Des actions de communications ont été effectuées (une cérémonie officielle de remise de matériels, la couverture médiatiques de l'ORTB et des presses écrites)

➢ 10 jeunes filles et dames handicapées bénéficiaires sont installées au niveau du centre de promotion sociale du 5èm arrondissement ;

➢ 20 autres jeunes filles et dames handicapées bénéficiaires sont installées dans d'autres ateliers de leurs choix ;

➢ Des suivis ont été faits à travers des visites inopinées dans les domiciles des bénéficiaires et ceci pour évaluer leurs degrés de connaissance et la mise en applications des notions reçues d'une part et d'autre part vérifier l'utilisation adéquate des matériels mise à leur disposition

III. EAU ET ASSAINISSEMENT

ADDUTION D'EAU POTABLE "AEP"COMMUNAUTAIRE

Située dans le département de l'Ouémé, la Commune d'Akpro-Missérété couvre une superficie de 79 Km2 ; elle est alimentée par le climat sub-tropical à deux saisons de pluie et deux saisons sèches. La population recensée en 2012 est de 126 8984 habitants dont 39% a accès à une eau potable en milieu urbain et 30 % en milieu rural. Une grande partie des habitants ont recours à des ressources alternatives (puits, marigots) pour tous les usages de l'eau. C'est le cas du village de Gbakpo qui est situé à 12km en moyenne de la ville de Porto-Novo. La population de ce village consomment et exploite l'eau du marigot pour tous les usages de ménage et même corporels. À noter que 51 % d'entre eux ont moins de 18 ans et que 75 % vivent en-dessous du seuil de pauvreté. Dans ce village l'assainissement est inexistant, pas de latrines public ni personnelles et des conditions d'hygiène difficiles. La population défèque à proximité du marigot, se lave, fait la vaisselle, la lessive puis en retour ramène l'eau dans la bassine à la maison pour la consommation.

Ce village a été découvert par l'équipe de l'ONG ASEP à travers des missions d'enquête et prise de contact avec les populations vivantes dans les zones rurales et en situation vulnérable. Afin de sauver des vies humaines l'ONG ASEP a réalisée un forage de puits à leur profit et ceci sous l'appui financier du partenaire ECA.

L'ONG ASEP a entrepris des actions et activités pratique ci-après :

- Séances de travail avec les femmes leaders, les conseillers locales et les sages du village sur les différentes activités liés au projet ;
- L'identification du site pouvant abriter l'ouvrage ;
- L'acquisition des matériels
- La réalisation du forage
- La construction du château d'eau
- Des activités de sensibilisation et de formation des femmes du village
- Des actions de communication (sensibilisation de proximité par le crieur public, radiodiffusion et télévision)
- Information et Plaidoyer auprès des autorités communales et locales pour soutenir le projet
- Information, conscientisation et mobilisation des populations pour leur adhésion massive au projet
- Mis en place d'un comité de conduit et de gestion du puits composé de quatre personnes : un représentant des autorités local, 2 représentantes (femmes) des bénéficiaires et un représentant de l'ONG ASEP
- Formation des femmes leaders et autorités locales sur l'hygiène environnementale et les impacts liés à la consommation d'eau potable
- L'inauguration de l'ouvrage et mise en service au profit des populations du village de Gbakpo-Sèdjè

Notons que c'est dans le souci d'accompagner le Gouvernement dans sa politique de développement et surtout en matière des Objectifs de Développement Durable (ODD) qui veut assuré d'ici à 2030 l'accès équitable à l'eau potable à un cout réduit, augmenter considérablement l'utilisation de l'eau dans tous les domaines et secteur d'activité et garantir la viabilité des retraits et de l'approvisionnement en eau douce afin de tenir compte de la pénurie d'eau et réduire nettement le nombre de personne qui souffre du manque d'eau potable que l'ONG ASEP a initiée des séances d'investigations dans certaines localités c'est suite à cela que le village de Gbakpo-Sèdjè a été ciblé et retenu.

En effet force est de constaté que depuis des lustre cette population est contrainte à la consommation d'eau du marigot. Cette pratique quotidienne les soumet d'une part à des maladies hydriques et d'autre part à des infections microbiennes ce qui engendre l'élévation du taux de mortalité dans le rang des enfants de 0 à 5 ans. C'est ainsi qu'une campagne de sensibilisation a été organisé à leur endroit afin de les amené à prendre conscience de leur situation.

A l'entame de la cérémonie, la représentante du Maire a souligné que: « L'eau c'est la vie dit-on, qui donne l'eau donne la vie et celui qui donne l'eau mieux à toute une population qui participe au développement ». C'est fort de ceci qu'elle a salué l'action de l'ONG ASEP au nom du Maire empêché.

Dans cette optique, les sages et notables ont remercié l'ONG ASEP pour son sens de développement et sur tout pour avoir ciblé le village de Gbakpo-Sèdjè, il a également émis le souhait que cette réalisation ne soit pas une dernière dans la localité. La représentante des bénéficiaires ayant pris la parole a rappelé avec émotion les enseignements et conseils reçus au cours des séances de sensibilisation et a pris l'engagement que le château sera utilisé à bon inscient elle ; a son tour remercié le Directeur Exécutif de l'ONG ASEP et le partenaire Eu Can Aid pour le geste et sa vision sociale. Dans le flux de la cérémonie ont a eu droit à plusieurs émotions, plusieurs sentiments qui ont jailli de part et d'autre, certain ont émis des souhaits d'autre des vœux. Faut rappeler que entre autre nous avons eu droit à des animations et démonstration folchrorique de la part de la troupe théâtrale invité et également de la part des femmes du village ce qui a égayé un temps soit peu l'assemblé tout entière. On a assisté au moment fatidique de la coupure du ruban par le représentant des têtes couronnées assisté par l'assemblé tout entier. C'était tellement beau de lire cette joie sur le visage de la population et des femmes spécialement puisqu'elles ont eu droit ce jour là à l'eau potable en quantité et sans aucune contre partie.

En somme la mise en œuvre du projet a connu la participation et l'implication des autorités ci-après :

La Direction Départemental de l'Hydraulique de l'OUEME et le service technique de la Mairie d'AKPRO MISSERETE sans oublier la participation active des autorités communales et locales à savoir :

Les conseillers locaux ;

Le Chef d'Arrondissement ;

Le Maire de la commune d'Akpro -Missérété ;

Le député SAKA FIKARA

Les rois, têtes couronnées et notables

Tous ceci pour montrer leur engagement afin accompagner le projet et leurs reconnaissances au partenaire ECA et aussi contribuer financièrement à la visibilité du projet d'une part et d'autre part encourager les bénéficiaires à entretenir l'ouvrage et les matériels mis à leurs disposition gracieusement par le partenaire Eu Can Aid.

Les résultats suivants ont été atteints :

➢ 1 Forage est réalisé

➢ 1 Château d'eau est construit et mis en service

➢ Les populations ont accès désormais à l'eau potable

➢ Les maladies hydriques liées à la consommation d'eau du marigot sont réduites

➢ Des suivis ont été faits à travers des visites inopinées sur le terrain pour évaluer d'une part et d'autre part vérifier l'utilisation adéquate des matériels mise à leur disposition.

L'eau c'est la vie

IV.   HYGIENE ENVIRONNEMENTALE

GESTION DES DECHETS SOLIDES MENAGERS

L'ONG ASEP a continuée l'exécution de ses activités de pré collecte des déchets solides dans les communes d'Adjarra, de Porto- Novo et de Missérété il faut noter qu'elle a également élargir ses activités dans la commune d'avrankou. Elle s'évertue à mener surtout des activités de sensibilisation de porte à porte à l'endroit des populations à s'abonner aux structures de pré-collecte des déchets solides et ménagers afin que l'environnement soit sain et vivable.

A cet effet l'ONG ASEP a procédée :

o   Au renforcement des capacités techniques des activités de ramassage des déchets solides ménagers dans ces quatre communes à travers :

o   La Formation des charretiers

o   La sensibilisation des ménages à s'abonner à l'équipe chargée du pré collecte des ordures ménagères.

o   La sensibilisation des communautés villageoises sur l'hygiène et à l'utilisation d'eau potable.

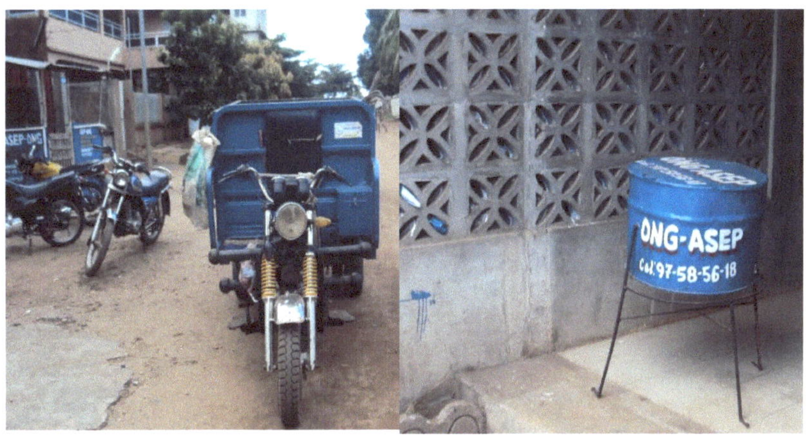

Il n'est pas sans savoir que l'ONG ASEP rencontre assez de difficultés qui freinent la réalisation de ces activités dans ce domaine.

Par rapport aux difficultés sur le terrain on peut noter :

- La non connaissance de l'importance du travail qu'effectuent l'équipe chargée du pré collecte des déchets solides ménagers.

- Le désabonnement de certains ménages après 2 à 3 mois de redevance due à l'ONG.

- L'insuffisance de matériels roulant pour la pré collecte de façon efficience et rapide

-Le refus systématique de certaines ménages à s'abonner parce qu'il existe dans leur zone des dépotoirs sauvages où ils peuvent y verser les déchets. Remblaiement par certains ménages des fausses abandonnées à savoir des puits abandonnées, des fausses septiques, création des trous réservé au stockage des ordures ce qui contribue à l'infection de la nappe phréatique dont l'utilisation infecte de près ou de loin la santé des paisibles populations.

Au vu de tous ceci le gouvernement à initier à travers la banque mondiale le financement de la gestion des ordures et l'aménagement du territoire. C'est dans le but de contribuer à l'assainissement du cadre de vie que le projet PUGEMU s'est fixé l'objectif de renforcer les activités d'assainissement dans les grandes villes du Bénin : Porto-Novo, Cotonou, Calavi, Ouidah et Parakou. Pour atteindre son objectif le projet PUGEMU a financé la construction des infrastructures de dépôts et de transfert des déchets, la dotation en matériel techniques et lourds au profit des ONG de pré collectes, le renforcement des capacités administrative et techniques des responsables et du personnel des structures chargées de la gestion des déchets solides ménagers à tout ceci s'ajoute l'initiation des promoteurs à la création des entreprises pour renforcer l'économie communale et nationale. Pour y parvenir le projet à exigé la mise sur pied des Groupements d'intérêt Économique (GIE) regroupant les entreprises de pré collecte dont le but exclusif est de mettre en œuvre tous les moyens pour défendre les intérêts de la gestion des déchets solides ménagers, gérer les frais qui découlent de l'activité, à faciliter le développement de cette activité, et à améliorer ou à accroitre les résultats de cette activité.

De tout ce qui précède, l'ONG ASEP lance un appel à l'endroit des volontaires internationaux de solidarités, des partenaires techniques et financiers intervenant dans le domaine de l'environnement afin d'accompagner ses actions et projets pour le bien être de la population.

V.   DROIT HUMAIN

LUTTE CONTRE LES VIOLENCES INFLIGEES AUX FEMMES

L'ONG ASEP en consortium au sein de l'espace de dialogue avec l'ONG WELLFAIR et APASAT ONG ont révélé que la loi sur les violentes faites aux femmes est très méconnue non seulement par les femmes elles-mêmes en grande partie analphabètes, mais aussi par les hommes et malheureusement par les autorités locales. C'est dans cette optique qu'un projet a été initié en faveur des femmes de la commune d'Akpro-Missérété, sont très sérieusement victimes de violences.

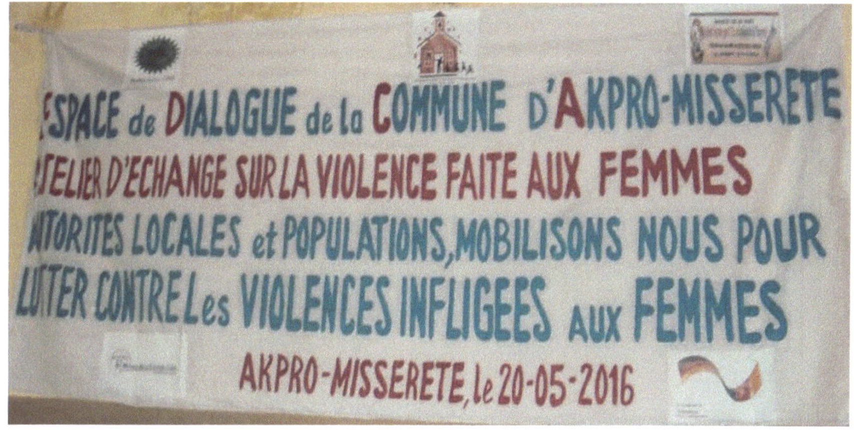

Dans l'effectivité, le vote de cette loi n'a pas dans ces milieux l'impact psychologique escompté et, les femmes et filles ignorantes de l'existence d'un pareil dispositif sont de plus en plus victimes de violences infligées par des personnes elles aussi ignorantes. La bastonnade des femmes par leur époux ; le mariage forcé ; le Kidnapping de filles pour le mariage précoce et ou les pratiques occultes ; les coups et blessures volontaires; les pratiques inhumaines comme le veuvage ; le lévirat forcé ; le refus de l'époux de subvenir aux besoins de la famille sont les divers obstacles qui freinent l'évolution de la gente féminine dans la commune. Les conséquences de ces actes sont multiples et multiformes. Tout ceci ne permet pas un développement harmonieux de la commune.

Ainsi, Pour freiner ce phénomène, le consortium des ONG au sein de l'espace de dialogue d'Akpro-Missérété a organisé un atelier qui a regroupé les acteurs de la société civile, les autorités communales, les responsables des services déconcentrés de l'Etat, les femmes leaders et la population avec l'appui financier de la Maison de la Société Civile (MdSC).

Objectifs du projet

1- Plaidoyer et sensibiliser les différents acteurs clés (autorités communales, société civile, SDC….) pour une intégration systématique de la lutte contre les violences faites aux femmes dans leur planification

2- Amener les populations à prendre connaissance des lois qui protègent les femmes à travers les émissions radios.

Résultats attendus

1   Les autorités locales, les organisations de la société civile et les services déconcentrés de l'Etat sont sensibilisés et engagés dans la lutte contre les violences faites aux femmes

2   La population de la Commune d'Akpro-Missérété est sensibilisée sur la loi sur les violences faites aux femmes.

Une femme leader présente les doléances de ses paires aux autorités

Résultats obtenus

1- Les autorités locales, les organisations de la société civile et les responsables des services déconcentrés de l'Etat sont sensibilisés pour la lutte contre les violences faites aux femmes ;

2- La représentante des femmes leaders a présenté les doléances ci-après :

✓ Que le maire nome les responsables chargés des affaires féminines dans chaque village comme des points focaux genre;

✓ Que la question des violences soit débattue en conseil communale ;

✓ Que les époux soient sensibilisés dans chaque village sur le contenu de la loi

✓ Il faut éditer la loi sur les violences faites aux femmes et mettre à la disposition de toutes les autorités locale et communale

✓ Il faut former toutes les autorités sur le contenu de la loi

✓ Organiser des séances avec les filles et femmes mariées sur leurs comportements au sein de leurs foyers

✓ Chercher les voix et moyens pour sortir les femmes de leurs dépendances sociales politiques et économiques à travers l'organisation des espaces de dialogue qui permettent d'exprimer ses problèmes et ses besoins, la mise en place des centres d'alphabétisations et de formation pour l'auto promotion.

3- Le représentant du Maire a pris l'engagement de nommé par arrêté des femmes responsables par arrondissement et plus tard par village qui seront chargées des affaires féminines ;

4- La population de la Commune d'Akpro-Missérété est sensibilisée sur la loi portant répression des violences faites aux femmes à travers la radio communautaire à travers deux émissions. Ces deux émissions radio interactives ont été faites à la radio Gerdes Africa de ladite Commune.

La première émission a porté sur :

- Les différentes formes de violences

- Les sanctions prévues par la loi.

- Les voix et moyens pour lutter contres le phénomène

- Les doléances et besoins des femmes (cités plus haut)

La deuxième émission quant à elle a porté sur :

- Les causes des violences ;

- Les effets et conséquences des violences ;

- Les voix de recours ;

Les auditeurs ont apprécié l'initiative. Ils ont posés des questions touchant aux causes et aux effets des violences. Ils ont demandé et obtenu les adresses des organisations et structures susceptibles d'accueillir les victimes. Ils se sont beaucoup plus penchés sur ce qu'il faut faire pour protéger leurs filles et femmes contre les violences et abus.

Il est ressorti des réponses qu'il faut entreprendre certaines actions comme :

➢ Eduquer toutes les filles et les garçons de la même manière afin qu'on ne sente pas la suprématie de l'un sur l'autre, appliquer l'approche genre depuis la maison ;

➢ Envoyer et maintenir toutes les filles à l'école ;

➢ Assurer la formation à l'auto emploi de celles qui ne réussissent pas à l'école ;

➢ Promouvoir l'indépendance sociale, économique, juridique financière des femmes ;

➢ Reprendre en main l'éducation des filles

➢ Informer, éduquer, former les hommes sur les différentes lois et textes règlementaires qui protègent les femmes.

➢ Apprendre à la population à respecter la loi.

Principaux obstacles/Raisons

1- La perception de la question des violences faites aux femmes par les hommes en général. Les chefs villages n'étaient pas venus aussi nombreux que le souhaitait monsieur le Maire. Mieux, Certains participants et même autorités locales, dans leur propos, disent que les femmes ne méritent pas autres traitements que ceux que la société leur impose. Ils sont un peu trop attachés à la tradition qui veut que soit totalement soumise.

2- Faible participation des femmes qui, malgré les sensibilisations ne sont pas sorties aussi nombreuses qu'on l'aurait souhaité pour exprimer de vives voix leur souhait et trouver ensemble avec les autorités les portes de sortie. C'est vrai que tous les villages ont été représentés mais il y avait plus de femmes leader que celles qui subissent véritablement les affres des violences.

3- La durée du projet est trop courte. Cela a eu un impact négatif sur la méthode et les outils de communication choisis. Il s'agit de la qualité du support du téléfilm et le vox populi. Nous avions travaillé dans la précipitation pour rester dans le délai.

Recommandations

La violence faite aux femmes est un phénomène récurrent dont la régression, voir la disparition est un travail de longue haleine. Ainsi, il est extrêmement important pour chaque catégorie d'acteurs de mener des actions:

A l'endroit des autorités locales

1- Poursuivre l'accompagnement les OSC dans la recherche des solutions pour la lutte contre les discriminations négatives,

2- Mettre en place un dispositif permettant de faire le suivi des actions entreprises

A l'endroit des OSC

1- Développer d'autres interventions/initiatives/projets du genre, afin de permettre à la population et aux autorités à divers niveaux de la Commune de s'approprier le contenu de la loi et ceci à travers les formations.

2- Outiller et renforcer les cinquante (50) femmes responsables des affaires féminines qui seront désignées par l'autorité locale dans toute la Commune afin de leur permettre de contribuer efficacement au respect des lois et textes juridiques de protection de droits de la femme.

A l'endroit de la MdSC

1- Poursuivre les appuis pour l'organisation des espaces de dialogue pouvoir public et société civile dans la commune d'Akpro-Missérété étant donné que les problématiques soulevées ne sont des moindre pour le développement réel de nos communes voir de tout le pays.

2- Revoir la durée des projets en tenant compte des problèmes soulevés par les OSC et des actions proposées par les parties prenantes pour leur règlement.

Quelle est la suite des activités

Il ne serait pas bénéfique à la population que l'on s'arrête en si bon chemin. Le consortium d'OSC se propose de :

➢ Faire le suivi du projet afin d'accompagner l'autorité dans le respect des engagements pris, en continuant le plaidoyer pour la désignation des 50 femmes qui seront responsabilisées pour soutenir et orienter les femmes victimes de violences et d'abus.

➢ prendre en compte les doléances des femmes qui souhaitent la poursuite des sensibilisations et la formation des cinquante femmes responsables chargées des affaires féminines dans la commune en comptant toujours sur l'appui financier et technique de la MdSC.

Déroulement détaillé de la mise en œuvre (ramener le tableau ici, l'annexe concerne les comptes rendus des activités faites : la séance de plaidoyer, les émissions radio, la liste de présence…..)

Date (Quand?)	Décrivez ce que vous avez fait (Quoi et comment)	Avec quelles personnes avez-vous réalisé cette étape ? (Avec qui ?)	Pour quelles raisons avez-vous fait cette étape ? (Pourquoi ?)	Difficultés rencontrées et/ou éléments favorables	Leçons apprises, observations, etc.
09- 5- 2016	Réunion avec les membres du consortium	Les membres du consortium	Cadrage du projet et répartition des taches	Disponibilité des membres du consortium	Engagement des membres à exécuter le projet conformément aux engagements pris avec la MdSC
10- 5- 2016	1ere réunion avec le Maire	Le maire et les membres du consortium	Explication du projet et sa mise en œuvre	Ouverture et accessibilité du Maire	la question des vvf est une problématique importante à laquelle il faut absolument trouver des solutions
13- 5- 2016	2eme réunion avec le Maire	Le Maire et son équipe technique afin d'identifier les autres acteurs à impliquer	Mettre l'équipe technique à contribution	La disponibilité du Maire à accompagner le processus	Aptitude de l'autorité à lutter contre les vvf
11- 5- 2016	Préparation des correspondances et d'une note succincte sur le projet	Chef de file	Informer plus largement les acteurs	Néant	Néant
11- 5- 2016	séance de travail	Le consortium et	Recevoir les	Disponibilité du CA à	la question des vvf est une

	avec les CA	les chefs d'Arrondissement	contacts des chefs village et les leaders à inviter.	recevoir l'équipe	problématique importante à laquelle il faut absolument trouver des solutions
12- 5- 2016	Prise de contact avec les 50 chefs villages	Les membres du consortium	Faire le plaidoyer afin qu'ils participent à l'espace de dialogue	Exigence du Maire qui souhaite la participation de tous les chefs Village	.la question des vvf est une problématique importante à laquelle il faut absolument trouver des solutions
13- 5- 2016	Prise de contact avec les femmes leaders	Les groupements de femmes	Préparation du plaidoyer à présenter aux autorités sous forme de doléance	Intérêt des femmes pour la question	Les femmes sentaient le besoin de se faire entendre.
13- 5- 2016	Prise de contact avec les journalistes et responsables de la radio GERDES	Radio GERDES AFRICA et membres du consortium	Pour obtenir l'accord de principe pour la couverture médiatique de l'activité et l'organisation des émissions sur les violences	disponibilité	accueil
13 et 14- 5- 2016	Distribution des invitations	Les membres du consortium	La présence effective des invités qui sont les leaders, CV, CA et les groupements de femmes	Accord des autorités à être sur les lieux	Aptitude à luter à lutter contre les violences
14- 5- 2016	Identification et séance de travail avec les deux femmes victimes et un auteur	Deux femmes victimes Un homme auteur et les membres du consortium	Recueillir sur CD des informations sur les faits, les causes, les conséquences et les effets des	Un rappel des souffrances du passé pour les femmes victimes	Détermination à combattre des toutes leurs forces le phénomène

			auditeurs.		
20- 5- 2016	réalisation de la 1ere émission radio	Les personnes identifiées, les membres du consortium	Pour permettre à ceux qui n'ont pas eu la chance d'être présents de prendre connaissance du contenu de la loi sur les violences	Les réactions des auditeurs soutenant la loi sur les vvf	La population a besoin d'etre informés
20 /5/2016	Organisation de l'espace de dialogue	Tous les acteurs	L'objectif principal à atteindre	L'indisponibilité du Maire contrairement à sa promesse	Le Maire s'est fait représenter par le CA de Zoungbomé
31/5/2016	Organisation de la 2eme émission radio	Journaliste, femmes leaders et membres du consortium	Etape contractuelle obligatoire pour vulgariser la loi sur les violences faites aux femmes	Les réactions des auditeurs soutenant la loi sur les vvf	L' envie de sortir de l'ignorance
6 au 10- 6- 2016	Production du rapport (1er draft)	Chef de file	Pour rendre compte aux partenaires à tous les niveaux	Néant	Néant
14- 6 2016	Séance de travail pour la validation du rapport	Les autres membres du consortium	Amendement et validation du rapport provisoire et Correction,	Néant	Néant
21- 6 -2016	Production du rapport final	Chef de file	Prise en compte des observations	Contrat écrit avec la Radio GERDES elle ne fait pas de contrat en dessous de 300 000f	Une a été délivrée pour les deux émissions

			violences sur les victimes directes et indirectes		
15- 5- 2016	réalisation du vox populi	Deux femmes victimes Un homme auteur et le journaliste et les membres du consortium	Recueillir sur CD des informations sur les faits, les causes, les conséquences et les effets des violences sur les victimes directes et indirectes	Un rappel des souffrances du passé pour les femmes victimes	Détermination à combattre des toutes leurs forces le phénomène
10- 5- 2016	Prise de contact avec une troupe théâtrale pour le sketch	Membres du consortium et troupe théâtrale	Élaborations des scénarios du téléfilm.	Néant	Néant
12- 5- 2016	Réalisation tournage et montage du télé film	Membres du consortium et troupe théâtrale	Réalisation du téléfilm qui sera l'objet du dialogue	Disponibilité de la troupe à accompagner dans réussite du dialogue	Néant -
14- 5- 2016	Passage en revue du télé- film et du vox populi	Deux femmes victimes Un homme auteur et le journaliste et les membres du consortium	Apporter les corrections nécessaires avant l'animation de l'espace de dialogue PP et population	Néant	Néant
17- 5- 2016	Préparation des émissions radio	Journalistes, consortium, les personnes identifiées pour les émissions	Permettre aux parties prenantes de maitriser le contenu de la loi afin de bien répondre aux questions des	Tous les acteurs sont mieux outillés pour parler plus aisément du contenu de la loi	L'importance de la vulgarisation de la loi

VI. RENFORCEMENT DE CAPACITES INSTITUTIONNEL

CAPITALISATION ET PROTECTION

Nous avons eu le privilège de participer à plusieurs formations organisées notamment par les structures et réseaux ci – après :

RADEB : Réseau des Acteurs de Développement de l'Education au Bénin

ReSPESD : Réseau des Structures de Protection des Enfants en Situation Difficiles au Bénin et le

Centre Magone du **FOYER DON BOSCO**

✓ La formation portant sur « LE CODE DES ENFANTS» organisée par le ReSPESD au siège de l'ONG CIPCRE BENIN. Cette formation a pour objectif de s'approprier le contenu du Code de l'enfant pour améliorer nos prestations sur le terrain. Ce qui convient alors de retenir est que le Bénin a voté le 23janvier 2015 le CE qui a fait l'objet de réexamen puis promulgué le 8 Décembre 2015 et inscrit Journal Officiel le 30 mars 2016. Le plus important est de voir le Code à travers 5axes :

- Objectif il y en a cinq qui tiennent compte des normes
- Le contenu du Code de l'enfant
- Les grandes innovations
- Les défis de la mise en œuvre
- La conclusion

La loi portant code de l'enfant comporte 409 articles répartir en 7 titres

✓ La formation portant sur le « CODE DE LA PROTECTION SOCIALE DE L'ENFANT » s'est tenue à la mairie d'Ifangni. Il faut retenir que le but principal de cette formation est de se mettre au pas pour une prise en charge de qualité des enfants, nous ne pouvons aller à la protection sans savoir les objectifs fixée, il nous faut donc nous approprié les outils nécessaires pour y arriver.

Les grands axes qui ont été souligné lors de cette formation sont entre autre :

• Quelques aspects de la protection sociale dans le code de l'enfant : il faut noter que c'est la quatrième partie du code de l'enfant qui traite particulièrement de la protection sociale de l'enfant à travers 7 chapitres et 100 articles (art 128 à 228) il faut retenir qu'en réalité tout le code de l'enfant vise la protection de l'enfant et de son bien être.

- Les institutions : il faut retenir que plusieurs institutions s'occupent de la protection des enfants parmi lesquelles les juridictions pour mineur, les offices centraux de protection pour mineur, la commission nationale de suivi, le centre de sauvegarde de l'enfant, les travailleurs sociaux, les Organisations et institutions agrées de la Société Civile, les Centres de Promotion Social etc.

- La problématique du châtiment corporel : certains articles interdisent le châtiment corporel que se soit sur sn propre enfants ou sur un enfant placé il s'agi entre autre des (art129) qui parle du droit DE protection qui protège l'enfant contre toutes formes d'exploitation et de violence (apprendre sans peur), (art 130)le châtiment corporel : dans la famille et à l'école l'Etat veille que la discipline soit exempte de châtiment corporel (art 39) administration de la discipline familiale : ils peuvent en cas de nécessité administrer à l'enfant toute sanction qui ne doit revêtir la forme d'atteinte à l'intégrité physique, de torture, de traitement inhumain ou dégradant etc. ..

- Quelques dispositions concourant à la protection de l'enfant avant sa naissance : la reconnaissance de l'enfant conçu (art141), la protection de l'enfant conçu (art 142), obligation de se soumettre aux consultations pré natale (art 143), interdiction de l'avortement sauf thérapeutique demandé et autorisé (art 145,146) etc.

- La protection de l'enfant en situation difficile : disposition générale importantes, l'ordonnance de placement pris à cet effet est délivrée sans frais (art 168)

- Les centres d'accueils et de protection de l'enfant (CAPE) article 133

- Normes et standards des CAPE

✓ La formation portant sur **« les Standards Minimums de Protection des Enfants »**s'est tenu au centre Magone du Foyer Don Bosco ex Carder en faveur des acteurs Non Etatique des communes de Porto-Novo et de Sèmè Kpodji intervenant dans la protection des enfants et ceci à travers des téléfilms qui retracent la vie d'une petite fille du nom de Samira qui était préparer en cas de danger à se protéger et à protéger ses paires ; ce qui a permis de comprendre ce que s'est que les SMPE ? comment les utiliser. Les Standards Minimums de Protection des Enfant (SMPE) nous aident à protéger l'enfant tant en situation de paix tant en situation de crise en somme se sont les repères que le monde s'est fixé pour prévenir et protéger l'enfant ; sa finalité n'est rien d'autre que d'établir des principes communs pour tous les acteurs de la protection et renforcer la coordination entre eux ainsi le principe de recevabilité intervient (rendre compte) c'est de permettre également d'accroitre la qualité des interventions. tous ceci devrait se faire en tenant compte bien sûr des quatre principes que reconnaissent le code de l'enfant s'agit entre autre de l'intérieur supérieur de l'enfant, la non discrimination, le suivi et développement enfin la participation. Le deuxième jour nous avons été répartir en quatre commission ou chaque commission devrait étudier deux standards spécifiques en ressortir les leçons apprises, les points de nos pratiques à corrigé puis les questions qui mérite d'éclaircissement enfin chaque groupe à faire la restitution en plénière il faut rappelé que les quatre commissions ont étudier huit standards des vingt six au total les échanges ont été fructueuses le facilitateur à apporté quelques clarification sur d'éventuel point d'ombre . Il faut retenir que ces différentes formations ont été d'une grande utilité pour chaque participant beaucoup de notions ont été acquise qui à nous de relayer l'information dans nos différents services afin d'accroitre la qualité de nos intervention.

VII.   EDUCATION

LA FORMATION DES MENTORS POUR LA PROMOTION DU GENRE ET EDUCATION

L'ONG ASEP a bénéficiée la formation à travers Le programme **« Gender Empowerment Mentor »** initié par **le Corps de la Paix des Etats** Unis d'Amérique qui fut fondé en 1961 par le Président John F. KENNEDY. Trois buts lui sont assignés :

1- Aider les peuples des pays en développement à répondre à leurs besoins en mains d'œuvre qualifiées.

2- Œuvrer à une meilleure compréhension du peuple américain par les pays hôtes.

3- Contribuer à une meilleure compréhension des autres nations par le peuple américain.

Il fut installé au Bénin depuis 1967 suite à l'invitation du gouvernement du Bénin.

Cette formation a pour finalité de contribuer au développement des populations locales. Il conçoit le développement comme tous processus qui promeut la dignité d'un peule et sa capacité à améliorer ses condition de vie. Cette approche de développement consiste donc à renforcer les capacités des populations à améliorer par elles-mêmes la qualité de leur vie en leur fournissant selon leurs besoins des ressources humaines qualifiées. Il est alors important de savoir ce que le genre n'est rien d'autre que : les idées et attentes largement partagées en ce qui concerne les hommes et les femmes. Il s'agit des caractéristiques et capacités typiquement féminin et masculin, tout comme des attentes. C'est ainsi que le programme « Let Girls Learn »ou Que les Fille Participent a été initié par le gouvernement américain Mars 2015 par Micelle OBAMA, première dame des E TATS Unis, le but étant d'encourager et d'accroitre le taux de scolarisation des filles à l'école parce que leur éducation est essentielle pour le développement durable d'un pays. Ce programme s'articule autour de 3 piliers à savoir :

1- L'autonomisation et la responsabilité des leaders locaux

2- La collaboration effective avec les communautés à la base

3- Augmenter l'impact des volontaires

Le programme « Gender Empowerment Mentor » quant à lui permettra de renforcer les relations entre les volontaires du Corps de la Paix et les professionnels locaux. Cet atelier permettra aux participants de renforcer leurs compétences en mentorat des jeunes, créer une base de données de ces mentors et promouvoir une meilleur communication entre les volontaires et les professionnels béninois, le but étant de fournir aux professionnels les outils qui leur permettront d'être de meilleurs leaders et mentors dans leurs communautés mais aussi d'augmenter l'impact des actions menées par les volontaires.

Il a aussi été question de prendre connaissance :

✓ De la LOI N°2011-26 DU 09 JANVIER 2012 portant prévention et répression des violences faites aux femmes. Notons que les violences faites aux femmes constituent un problème crucial développement qui affecte la femme jusque dans sa dignité. Selon une étude commanditée par le Ministère de la Famille des Affaires Sociales, de la Solidarité Nationale, des Handicapés et des Personnes du Troisième Age sur les violences faites aux femmes au plan national a révélé que : sur environ 52% de la population que constituent les femmes, 69% ont été déclaré avoir subi des violences au moins une fois dans leur vie .

✓ Du code de l'enfant au Bénin

✓ De la loi N° 2006-19 DU 05 SEPTEMBRE 2006 PORTANT REPRESSION DU HARCELLEMENT SEXUEL ET PROTECTION DES VICTIMES EN REPUBLUIQUE DU BENIN

✓ LES ARRETES

✓ CONVENTIONS INTERNATIONNALE RELATIVE AUX DROIT DE L'ENFANT

VIII.   RENFORCEMENT DE CAPACITES DES ORGANISATIONS DE LA SOCIETE CIVILE(OSC)

A travers une séance de collecte de données dans l'ouémé qui c'est attelé sur plusieurs axes :

✓ Les problèmes récurrents au niveau de la réalisation des droits de l'enfant au Bénin : nous pouvons citer entre autres l'ignorance des textes, le non respect de la personne humaine, la scolarisation des enfants, le non enregistrement des actes de naissance dans la commune d'Avrankou, assez de cas de déscolarisation pour faute de moyen, viole des enfants et abandon, la non responsabilité des parents, la maltraitance,

✓ Les points préoccupants que sont l'abandon des enfants, l'irresponsabilité des parents

Les causes du phénomène sont souvent d'ordre culturel, la société elle-même l'éducation, la méconnaissance des textes. Aux nombres des acteurs intervenants on peut cités l'Etat, la société, les parents.

✓ Les conséquences de la démission : au niveau des enfants on peut citer la délinquance juvénile, la dépravation des mœurs, la prostitution, toutes les déviances (pro cinétisme) la déscolarisation.

Face à sa certains recommandations ont été données : rendre fonctionnel les cadres institutionnels (mis en application des politiques nationales, utilisation effective du budget relatif à la politique de protection, la gratuité du certificat médical pour y parvenir au faudrait alors sensibiliser la population, former également les cadres, faciliter la synergie d'action entre les acteurs de protection de l'enfant.

IX. FORMATION DES ORGANISATIONS DE LA SOCIETE CIVILE BENINOISE ACTIVE EN EDUCATION EN CAPITALISATION

Le Réseau des Acteurs de Développement de l'Education au Bénin a pour mission de contribuer au développement social par la promotion de l'accès et de la qualité de l'éducation sous ses formes formelles et probantes ;

Les objectifs du Réseau sont :

Faciliter les échanges entre les organisations intervenant dans le domaine de l'éducation pour un partage des expériences innovantes et probantes ;

Coordonner les interventions éducatives des organisations de la société civile pour un impact beaucoup plus durable des actions ;

Mettre en place des actions concertées avec les pouvoirs publics pour mieux relever le défis liés à l'éducation ;

Renforcer les capacités des organisations membres du Réseau afin d'être référent sur des questions éducatives ;

Les organisations membres du RADEB travaillent au sein de (4) groupes thématiques :

❖ Petite Enfance
❖ Éducation de Base
❖ Éducation non Formelle
❖ Handicap.

La formation en capitalisation d'expérience de bonnes pratiques est organisée dans le cadre du projet FASC de l'ambassade de France au Bénin suite à l'appel à projet de septembre 2015.

Le contexte : il s'agit de camper le décor de l'action, quel problème vous vouliez résoudre au travers de ce projet.

Les différents acteurs et leurs rôles respectifs : maintenant que le décor est planté, il s'agit de mètre en scène les acteurs. De montrer comment vous vous êtes organisés.

La démarche mise en œuvre : il s'agit de retracer le chemin parcouru et de décrire, les principales phases.

Les résultats, effet obtenus : il s'agit de valoriser les résultats obtenus et d'illustrer la qualité et les bonnes questions à ce stade.

Les points forts et faiblesses : qu'est ce qui a fait le succès, la notoriété de cette expérience.

Les leçons tirées : il s'agit de mettre en forme et en synthèse les savoirs tirés de cette expérience en vue de sa reconduction et de son amélioration

Les 5 principaux conseils à donner à qui voudrait s'inspirer de cette expérience : cette rubrique est proche de la précédente, mais elle permet de poser la question de la transposition de l'expérience à d'autres contextes.

Une conclusion : (facultatif) Certains réseaux ont décidé d'intégrer une petite conclusion qui ouvre des perspectives et qui donne une note philosophique sur les pratiques de développement, c'est une idée à suivre.

X. PARTENAIRES

ZOOM SUR QUELQUES PARTENAIRES TECHNIQUES ET FINANCIERS

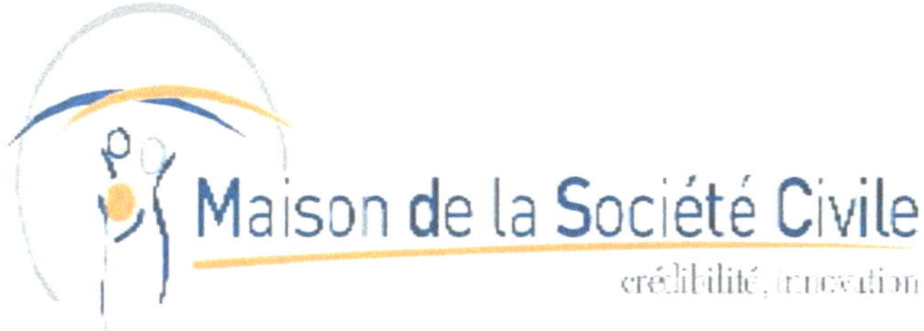

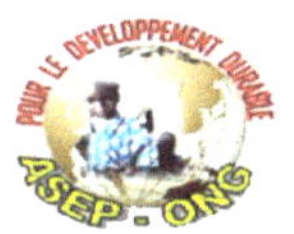

Sommaire